QUELQUES EXPLICATIONS

SUR LA LOI DU 9 MARS 1891

SUR

LES SUCCESSIONS

ENTRE ÉPOUX

PAR

J. RELIQUET

AVOCAT A TOURS

RECEVEUR DE L'ENREGISTREMENT, DES DOMAINES ET DU TIMBRE, EN DISPONIBILITÉ

CORRESPONDANT A LA *Jurisprudence commerciale et maritime*

TOURS

IMPRIMERIE DESLIS FRÈRES || PÉRICAT, LIBRAIRE
6, RUE GAMBETTA, 6 || 35, RUE DE LA SELLERIE, 35

1892

QUELQUES EXPLICATIONS

SUR LA LOI DU 9 MARS 1891

SUR

LES SUCCESSIONS ENTRE ÉPOUX

QUELQUES EXPLICATIONS

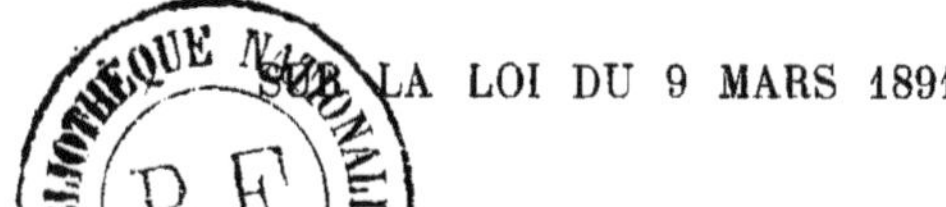

SUR LA LOI DU 9 MARS 1891

SUR

LES SUCCESSIONS

ENTRE ÉPOUX

PAR

J. RELIQUET

AVOCAT A TOURS

RECEVEUR DE L'ENREGISTREMENT, DES DOMAINES ET DU TIMBRE, EN DISPONIBILITÉ

CORRESPONDANT A LA *Jurisprudence commerciale et maritime*

———

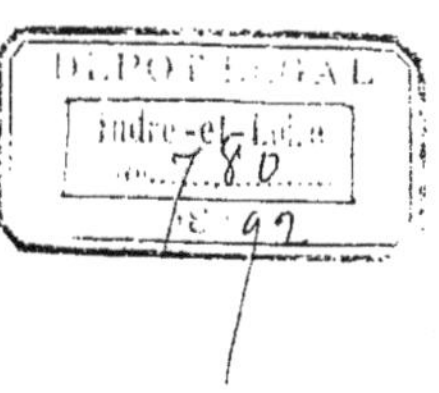

TOURS

IMPRIMERIE DESLIS FRÈRES || PÉRICAT, LIBRAIRE
6, RUE GAMBETTA, 6 || 35, RUE DE LA SELLERIE, 35

—

1892

NOTE DE L'AUTEUR

J'avais fait cette étude avec l'intention de l'insérer dans un journal de droit ; je l'envoyai au *Journal des Notaires et des Avocats,* mais le Directeur de cette Revue me répondit qu'il ne pouvait l'insérer, ayant déjà publié quelque chose sur la loi du 9 mars 1891, et qu'en tous cas il n'oserait pas soutenir dans son journal l'exigibilité du droit de mutation de 9 pour 100, quand l'Administration de l'Enregistrement se contente de percevoir le droit de 3 pour 100.

Je n'en persiste pas moins dans mon opinion, et je crois être utile aux notaires et à leurs clients en signalant le danger pendant que la Chambre qui a voté la loi est encore au Palais-Bourbon ; c'est ce qui me décide à sortir cette notice des cartons où je l'avais enfouie.

QUELQUES EXPLICATIONS

SUR LA LOI DU 9 MARS 1891

SUR

LES SUCCESSIONS ENTRE ÉPOUX

Sous l'empire du Code de 1804, le conjoint survivant n'avait aucun droit sur la succession de son époux prédécédé, sauf un cas excessivement rare où ce dernier ne laissait ni parents au douzième degré, ni enfants naturels. Habitué à vivre dans l'opulence, il pouvait se trouver tout à coup réduit à la misère, sans avoir le droit d'élever la voix, de faire aucune réclamation.

Etait-ce un oubli, ainsi que le raconte M. Delsol ? Était-ce tout autre motif qui avait conduit le législateur de 1804 à ne pas se préoccuper de l'époux survivant ? Les avis sont partagés. Pour nous, nous adoptons volontiers l'opinion de M. Delsol. En effet, le code n'a été qu'une unification, une codification des anciennes coutumes, dont la plupart accordaient au survivant des époux un droit d'usufruit ou même de propriété sur les biens du prémourant ; et, si cette question si importante n'a pas trouvé place dans le Code, elle aurait, du moins, si elle avait été soulevée, donné lieu à des discussions fort sérieuses, discussions que l'on ne retrouve pas, et dont l'absence fait voir d'une façon certaine que la question n'a même pas été effleurée.

Cet oubli n'a été comblé qu'après quatre-vingt-sept ans,

et pour arriver à faire cesser cette situation, qui pouvait jeter du jour au lendemain un individu de l'opulence dans la misère, pour accorder au survivant du conjoint riche le droit de ne pas mourir de faim, il a fallu que M. Delsol, sénateur et jurisconsulte, soutienne une lutte de dix-neuf ans ; sa première proposition de loi est, en effet, du 21 mai 1872, et ce n'est qu'après des rejets, des refontes sans nombre, qu'elle a fini par devenir la loi du 9 mars 1891.

Mais le Code qui avait oublié l'époux survivant avait eu le tort, au cas où le prédécédé ne laissait aucun parent, de ne faire aucune différence entre l'époux tel qu'il doit être, et celui qui ne l'était plus que de nom : nous voulons parler de l'époux séparé. Jusqu'au 9 mars 1891, le conjoint séparé et coupable héritait de celui qu'il avait rendu malheureux au cas très rare, il est vrai, où il ne laissait aucun héritier. Si rarement qu'il se rencontrât ce fait était trop fréquent ; il répugnait au bon sens et à la justice que le coupable héritât de sa victime, et le législateur, en s'occupant d'assurer l'existence de l'époux survivant, a saisi l'occasion de faire disparaître cette monstruosité de nos lois.

Ainsi donc, la loi de 1891 à un double but : assurer l'existence de l'époux survivant, jouissant de tous ses droits d'époux ; priver l'époux coupable de tous les avantages qu'il pouvait tenir de sa position d'époux.

Cette loi est ainsi conçue :

Article premier. — L'article 767 du Code civil est ainsi modifié :

Art. 767. — « Lorsque le défunt ne laisse ni parents
« au degré successible, ni enfants naturels, les biens de
« sa succession appartiennent en toute propriété au con-

« joint non divorcé qui lui survit, et contre lequel n'existe
« pas de jugement de séparation de corps passé en force
« de chose jugée.

« Le conjoint survivant non divorcé qui ne succède pas
« à la pleine propriété, et contre lequel n'existe pas de
« jugement de séparation de corps passé en force de
« chose jugée, a sur la succession du prédécédé un droit
« d'usufruit qui est :

« D'un quart si le défunt laisse un ou plusieurs enfants
« issus du mariage ;

« D'une part d'enfant légitime le moins prenant, sans
« qu'elle puisse excéder le quart, si le défunt a des
« enfants nés d'un précédent mariage ;

« De moitié, dans tous les autres cas, quels que soient
« le nombre et la qualité des héritiers.

« Le calcul sera opéré sur une masse faite de tous les
« biens existant au décès du *de cujus*, auxquels seront
« réunis fictivement ceux dont il aurait disposé soit par
« acte entre vifs, soit par acte testamentaire au profit des
« successibles, sans dispense de rapport.

« Mais l'époux survivant ne pourra exercer son droit
« que sur les biens dont le prédécédé n'aura disposé ni
« par acte entre-vifs, ni par acte testamentaire et sans
« préjudicier aux droits de réserve ni aux droits de
« retour.

« Il cessera de l'exercer dans le cas où il aurait reçu
« du défunt des libéralités, même faites par préciput et
« hors part, dont le montant atteindrait celui des droits
« que la présente loi lui attribue, et, si ce montant était
« inférieur, il ne pourrait réclamer que le complément de
« son usufruit.

« Jusqu'au partage définitif, les héritiers peuvent exiger
« moyennant sûretés suffisantes que l'usufruit de l'époux
« survivant soit converti en une rente viagère équivalente.

*

« S'ils sont en désaccord, la conversion sera facultative
« pour les tribunaux.

« En cas de nouveau mariage, l'usufruit du conjoint
« cesse s'il existe des descendants du défunt. »

Art. 2. — L'article 205 du Code civil est ainsi modifié :

« Art. 205. — Les enfants doivent les aliments à leurs
« père et mère et autres ascendants qui sont dans le
« besoin. La succession de l'époux prédécédé en doit,
« dans le même cas, à l'époux survivant. Le délai pour les
« réclamer est d'un an, à partir du décès, et se prolonge,
« en cas de partage, jusqu'à son achèvement.

« La pension alimentaire est prélevée sur l'hérédité ;
« elle est supportée par tous les héritiers, et, en cas
« d'insuffisance, par tous les légataires particuliers propor-
« tionnellement à leur émolument.

« Toutefois, si le défunt a expressément réservé que
« tel legs sera acquitté de préférence aux autres, il sera
« fait application de l'article 927 du Code civil. »

Comme nous l'avons dit plus haut, la loi que nous venons
de transcrire a eu pour but principal de laisser au conjoint pauvre survivant une situation en rapport avec celle
qu'il possédait du vivant de son conjoint plus riche ; mais
elle semble ne l'avoir fait qu'à regret, ainsi que nous le
verrons en étudiant ses diverses dispositions.

Elle a soulevé de nombreuses objections ; on a dit : mais
si le conjoint survivant est riche, à quoi bon lui donner
un droit d'usufruit sur la succession de son époux pré
décédé, changer ainsi l'ordre de successisn tel qu'il est
réglé par le Code et favoriser ce conjoint riche au détri-
ment d'héritiers parfois gênés ?

Nous répondrons qu'une loi est faite en vue de l'intérêt

général et qu'elle froissera toujours quelques intérêts particuliers ; puis cette objection n'a pas grande valeur ; le défunt peut toujours tester ainsi qu'il lui plaît, et rien ne l'empêche de deshériter son conjoint, s'il le juge à propos.

D'ailleurs, nous n'avons pas l'intention de discuter ici l'opportunité de cette loi, opportunité qui nous semble indiscutable ; nous allons seulement tâcher de l'expliquer, c'est-à-dire de montrer, aussi exactement que possible, ce qu'elle veut dire, ce qu'elle contient et comment ce contenu doit être appliqué, et, pour cela, nous allons étudier avec soin le texte lui-même, et la pensée du législateur telle qu'elle ressort des différentes discussions qui ont précédé et accompagné le vote.

L'intention première et principale du législateur, telle qu'elle ressort de la loi et de la discussion a été de laisser au survivant des époux de quoi vivre, mais non de l'enrichir ; il a voulu remplir l'idée probable du prédécédé qui, le plus souvent, désire laisser son conjoint survivant dans une situation identique à celle où ils vivaient tous les deux et qui, par négligence ou crainte de songer à la mort, ne fait pas de testament ; enfin, même, en cas où le prédécédé ne voudrait rien laisser à son conjoint survivant, le législateur a décidé que ce dernier aurait toujours droit à une pension alimentaire.

Nous allons maintenant examiner la loi elle-même et nous commencerons par l'article 767 sur le droit d'héritage ; puis nous verrons ensuite l'article 205 qui a trait à l'obligation alimentaire, et nous terminerons par un mot sur le premier paragraphe de l'article 767 qui prive l'époux contre lequel existe un jugement de séparation de corps passée en force de chose jugée de tout droit sur la succession du prémourant.

PREMIÈRE PARTIE

DU DROIT DU CONJOINT SURVIVANT SUR LA SUCCESSION DE L'ÉPOUX PRÉDÉCÉDÉ

L'article premier de la loi du 9 mars 1891, modifiant l'article 767 du Code civil, a créé au profit de l'époux survivant un droit d'usufruit sur la succession de son conjoint prédécédé.

Nous allons examiner successivement :

A qui appartient ce droit d'usufruit ?

Si c'est une réserve ou non ?

Comment il se calcule et sur quels biens il porte ?

Et, enfin, quel est le tarif du droit de mutation exigible ?

CHAPITRE PREMIER

A qui appartient l'usufruit créé par la loi du 9 mars 1891

La réponse à cette question est très nettement formulée :

« Le conjoint survivant non divorcé qui ne succède
« pas à la toute propriété, et contre lequel n'existe pas un
« jugement de séparation de corps passé en force de

« chose jugée, a sur la succession de son conjoint pré-
« décédé un droit d'usufruit. »

Le législateur pose donc une règle générale :
Tout conjoint survivant a droit à l'usufruit qu'il établit
sauf exceptions ; et ces exceptions sont :
Le conjoint survivant divorcé, et celui contre lequel
existe un jugement de séparation de corps passé en force
de chose jugée.
Deux conjoints ne sont divorcés que lorsque le divorce
a été prononcé par l'officier de l'état civil ; jusque-là les
conjoints entre lesquels existe un commencement de pro-
cédure de divorce, ou même un jugement de divorce non
susceptible d'opposition ni d'appel ne sont pas divorcés ; ils
ne possèdent qu'un droit au divorce, droit certain, mais qui
n'est pas le divorce, et le survivant héritera de son conjoint prédécédé.
« Il n'y a pas lieu ici de s'inquiéter si celui qui survit
est celui au profit duquel le divorce a été prononcé ; l'article 299 du Code dit, il est vrai : « L'époux qui aura
« obtenu le divorce conservera les avantages à lui faits
« par l'autre époux, encore qu'ils aient été stipulés réci-
« proques et que la réciprocité n'ait pas lieu. »
Mais, le divorce rompt, annule tous les liens du
mariage, et dès lors toutes les stipulations quelconques
faites à l'occasion du mariage et qui n'en sont que l'accessoire doivent disparaître avec l'acte principal; rien du
mariage n'aurait dû lui subsister; le législateur ne l'a pas
pensé ainsi, et il a établi une exception à cette règle par
l'article 299 ; mais, d'une part, les exceptions ne sauraient
s'étendre sous prétexte d'analogie ; et l'article 299 parle
des avantages faits par l'autre époux, et non des avantages résultant de la loi ; d'autre part la loi nouvelle postérieure à celle sur le divorce dit : « Le conjoint survivant

non divorcé », sans expliquer s'il s'agit ou non de celui contre lequel le divorce a été prononcé, tandis qu'il n'en est pas de même au cas de séparation de corps, ainsi que nous allons le voir ci-dessous.

En résumé, tout conjoint divorcé, à partir de la prononciation du divorce par l'officier d'état civil, mais à partir de ce moment seulement, que le divorce ait été prononcé à son profit ou contre lui, n'a plus d'usufruit légal à exercer sur les biens de son conjoint prédécédé, en vertu de la loi actuelle.

La seconde exception à la règle générale posée par la loi est celle de l'époux contre lequel il existe un jugement de séparation de corps passé en force de chose jugée.

Un jugement est passé en force de chose jugée lorsqu'il n'est plus susceptible d'opposition ni d'appel ; jusquelà l'époux contre lequel est prononcé ce jugement jouira du droit d'usufruit créé par la loi.

Si deux époux séparés de corps se réconcilient, nous savons que la séparation de corps est annulée par le fait même de cette réconciliation, et que la séparation de biens subsiste seule, il nous paraît dès lors certain que l'époux contre lequel cette séparation a été prononcée jouit à nouveau du droit d'usufruit accordé par la loi.

En effet : 1° le jugement tant qu'à la séparation de corps est annulé, il n'existe plus, et la loi nous dit : « contre lequel n'existe pas... » alors qu'elle aurait dû dire, si elle voulait rendre cette exclusion définitive : « n'existe pas ou n'a pas existé » ; 2° en lui refusant ce droit d'usufruit, le législateur a voulu frapper accessoirement l'époux ingrat ou coupable ; la peine accessoire peut-elle survivre à la peine principale ? et, si le principal intéressé a pardonné, le législateur devait-il limiter ce pardon et le diminuer ?

Nous ne le croyons pas et nous pensons qu'il ne suffit

pas, pour qu'un époux soit privé du droit d'usufruit, qu'il ait été séparé de corps à un moment ou à l'autre de son existence ; à notre avis, il faut que ce jugement existe au moment du décès de l'autre époux.

CHAPITRE II

Le droit d'usufruit accordé par la loi nouvelle constitue-t-il ou non une réserve

Le droit d'usufruit accordé par la loi nouvelle ne cons-titue pas une réserve ; c'est un simple droit à succéder dont le défunt est libre de priver son conjoint, si bon lui semble. Trois motifs nous paraissent militer en faveur de notre opinion :

1° Le grand principe économique en matière de pro-priété est la liberté la plus absolue ; elle fait partie de l'essence même de la propriété, puisque la propriété comprend : le *jus fruendi*, le *jus utendi*, le *jus abutendi* ; et l'article 544 du Code nous dit : « La propriété est le « droit de jouir et de disposer des choses de la manière la « plus absolue, pourvu qu'on n'en fasse pas un usage pro-« hibé par les lois ou par les règlements. »

Les lois et les règlements ont apporté certaines restric-tions au droit de propriété, notamment en matière d'expro-priation, en créant une réserve au profit des descendants et ascendants, en limitant certaines libéralités ; mais toutes ces exceptions sont mentionnées en termes formels et absolus ; on ne saurait, nous l'avons dit déjà plusieurs fois, étendre les exceptions par analogie, c'est-à-dire en créer de nouvelles, et cela encore moins en matière de limitation, d'entrave au droit de propriété puisque le législateur a pris soin de dire formellement par son article 544, qu'il fallait une loi ou un règlement pour diminuer le droit du propriétaire.

Or nous ne rencontrons rien de semblable dans la loi nouvelle ; le législateur n'a pas dit: l'époux prédécédé ne pourra priver son conjoint de l'usufruit en question ; nous pouvons même dire au contraire.

2° Si nous lisons attentivement la loi, nous voyons que l'époux survivant ne pourra exercer son droit que sur les biens dont l'époux prédécédé n'aura disposé ni par acte entre vifs, ni par acte testamentaire et sans préjudicier ni aux droits de réserve ni aux droits de retour.

Le législateur permet donc à l'époux de disposer de tous ses biens et de frustrer ainsi son conjoint survivant de l'usufruit créé par la loi; il déclare que cet usufruit ne pourra s'exercer que sur ce dont le prédécédé n'aura pas disposé; s'il a disposé de tout, l'usufruit du survivant n'existe plus. Ce n'est donc pas une réserve, car une réserve ne peut ni être supprimée, ni même être diminuée.

3° L'article 2 de la loi crée au profit de l'époux survivant l'obligation alimentaire ; cette obligation n'était pas nécessaire si le droit d'usufruit du survivant était une réserve et non un simple droit d'héritage, un simple droit à succéder.

CHAPITRE III

Sur quels biens porte l'usufruit légal, et comment il se calcule

Avant d'étudier cette question, il convient de voir quelle est la quotité de l'usufruit revenant à l'époux survivant, à combien, à quelle part de la succession s'élève cet usufruit :

Le législateur nous répond que « ce droit d'usufruit est
« d'un quart si le défunt laisse un ou plusieurs enfants
« issus du mariage ;
« D'une part d'enfant légitime le moins prenant sans
« quelle puisse excéder le quart, si le défunt a des enfants
« nés d'un précédent mariage ;
« De moitié, dans tous les autres cas, quels que soient
« le nombre et la qualité des héritiers. »

Tout ceci est très clair ; cependant, il est utile de faire
remarquer que, par enfant issu du mariage, le législateur
a entendu parler non seulement des enfants légitimes des
deux époux, mais encore des enfants légitimés et des
enfants adoptifs ; en un mot, il a voulu parler de tous
ceux qui ont la qualité d'enfants légitimes des deux époux
ou qui occupent les lieu et place d'enfants légitimes.

Il en est de même de l'expression : enfants nés d'un
précédent mariage ; elle embrasse aussi les enfants légitimes, les enfants légitimés et les enfants adoptifs.

On trouve d'ailleurs fréquemment dans le Code l'expression : enfant légitime ou même, enfant, pour dire : enfant
légitime, légitimé et adoptif ; il suffit, pour s'en convaincre, de se reporter aux articles 913, 914, 1094, 1098
qui ont justement trait aux successions et aux libéralités
entre époux.

Cette quotité fixée, examinons maintenant sur quels
biens porte l'usufruit, et comment il se calcule :

« Le calcul sera opéré sur une masse faite de tous les
« biens existant au décès du *de cujus*, auxquels seront
« réunis fictivement ceux dont il aurait disposé soit par

« actes entre vifs, soit par actes testamentaires au profit
« des successibles, sans dispense de rapport.

« Mais l'époux survivant ne pourra exercer son droit
« que sur les biens dont le prédécédé n'aura disposé ni
« par actes entre-vifs, ni par actes testamentaires, et sans
« préjudicier aux droits de réserve ni aux droits de
« retour. »

On opère donc comme à l'ordinaire entre héritiers non
réservataires ; on établit la masse des biens à partager,
sans y faire entrer les biens donnés ou légués avec dispense de rapport ; ce qui prouve bien, comme nous l'avons
dit plus haut, que le droit de l'époux n'est pas réserva-
taire.

Mais, à la différence des héritiers ordinaires qui font
rapporter à la masse tous les biens donnés à d'autres
héritiers pour établir leur part, à moins que ceux-ci ne
préfèrent renoncer à la succession, l'époux survivant ne
peut exiger ce rapport ; « il ne peut exercer son droit que
« sur les biens dont le défunt n'aura disposé ni par acte
« entre-vifs ni par acte testamentaire. »

D'où il faut conclure que l'époux survivant n'a pas le
droit de dire aux héritiers : complétez-moi mon usufruit,
ou je prends ce qui reste en propriété ; ceci est contraire
à l'esprit des donations entre vifs ou de legs ; mais le
législateur l'a ainsi décidé : il ne peut exercer son droit,
c'est-à-dire son droit d'usufruit, que sur les biens dont le
défunt n'aura pas disposé ni par actes entre vifs ni par
actes testamentaires. Il passe le dernier, tant mieux pour
lui s'il lui reste quelque chose.

« Sans préjudicier aux droits de réserve ni aux droits
« de retour » ; c'est-à-dire que, si le défunt a donné une
partie de ses biens et qu'il ne reste dans la succession
que la part des réservataires ou des biens sujets à retour,

l'époux survivant n'aura aucun droit d'usufruit sur la succession de son conjoint prédécédé.

Un exemple semble nécessaire pour faire comprendre tout ceci :

Un père meurt, intestat, laissant sa veuve et trois enfants, Pierre, Paul et Jean.

Il a donné de son vivant à son fils Pierre une somme de 6,000 francs avec dispense de rapport, par préciput et hors part.

Il a donné en avance d'hoirie à Paul 6,000 francs.

Il possède à son décès une maison d'une valeur de 18,000 francs. La première chose à faire est de considérer si la réserve de chaque enfant existe malgré la donation préciputaire.

Pour la calculer, nous totalisons :

La maison	18,000 fr.
La donation en avancement d'hoirie.	6,000
La donation préciputaire	6,000
Total	30,000 fr.
Dont les 3/4 sont	22,500
Et le 1/3	7,500

Or, sans comprendre le préciput, la succession s'élève à 24,000 francs, somme suffisante pour payer la réserve de chaque enfant, puisque 22,500 francs suffisent.

La veuve a droit à l'usufruit de 1/4 de la succession, soit 1/4 de 24,000 francs, puisqu'on ne réunit pas les valeurs données avec dispense du rapport à usufruit de 6,000 francs, mais cet usufruit ne doit pas diminuer la réserve qui est de 22,500 francs ; son usufruit ne portera donc que sur la somme de 1,500 francs restant disponible.

Le droit d'usufruit, créé _par la loi, ayant eu pour but
de suppléer aux intentions probables du prédécédé, ce but
n'existe plus du moment où l'époux prédécédé a pensé de
son vivant à son conjoint survivant; c'est ce qu'exprime
le paragraphe suivant :

« Il cessera de l'exercer (le droit d'usufruit) lorsqu'il
« aura reçu du défunt des libéralités, même faites par pré-
« ciput et hors part, dont le montant atteindrait celui des
« droits que la présente loi lui attribue, et si ce montant
« était inférieur, il ne pourrait que réclamer le complément
« de son usufruit... »

Ainsi donc, du moment que le survivant a reçu du
vivant de son conjoint des libéralités, il ne peut plus prétendre au bénéfice de la loi nouvelle ou il ne peut y prétendre que jusqu'à concurrence de la différence entre
lesdites libéralités et ce que lui accorde la loi nouvelle.

Ce serait une conséquence des règles générales en
matière de successions, si le législateur n'avait ajouté
« même faites par préciput et hors part »; en ajoutant ce
membre de phrase, il a fait une dérogation aux principes,
dérogation que nous trouvons malheureuse.

En effet, l'époux donateur par préciput et hors part
croira presque toujours laisser en plus à son conjoint le
bénéfice de la loi nouvelle, et, se fiant à cette loi, il ne
fera pas de nouvelle disposition en sa faveur: c'est là un
fait qui se présentera journellement lorsque la libéralité
préciputaire sera un legs, et c'est un fait qui sera presque
aussi fréquent si cette libéralité a lieu par voie de donation.

Nous savons bien que les donations sont des actes
authentiques.

.Il n'en est pas toujours ainsi des testaments, et même

prévenus par leurs notaires de cette exception aux règles
du Code, combien d'époux ne l'oublieront-elle pas ?

Une autre question qui se pose est celle-ci :

Qu'adviendra-il au cas où les libéralités auraient été
faites en propriété ?

Au cas où elles ont été faites en usufruit, il n'y a
aucune difficulté ; si l'époux a reçu davantage, il garde,
sinon on lui complète son usufruit.

La réponse est presque aussi simple au cas où il a
reçu des libéralités en propriété : l'époux survivant aura
le choix, ou de garder ce qui lui a été donné en renonçant
à la succession de son conjoint, ou de le rapporter en
réclamant son usufruit; c'est à lui à choisir, c'est le droit
de tout héritier de renoncer à une succession, ou de rapporter ce qu'il a reçu à la masse pour réclamer son émolument.

Il n'y a pas lieu de distinguer ici si la libéralité est ou
non sujette à rapport; le législateur a déclaré formellement
que toute donation faite à un époux par son époux était
sujette à rapport.

La loi du 9 mars 1891 ajoute ensuite : « Jusqu'au
« partage définitif, les héritiers peuvent exiger, moyennant
« sûretés suffisantes, que l'usufruit de l'époux survivant
« soit converti en une rente viagère équivalente. S'ils
« sont en désaccord, la conversion sera facultative pour
« les tribunaux. »

Nous retrouvons ici cette idée qui ressort de toute la
loi : limiter autant que possible le droit du survivant, lui
interdire toute ingérance dans la fortune du prédécédé.

Jusqu'au partage définitif, c'est-à-dire jusqu'au partage
signé de tous les héritiers, s'ils sont majeurs, et homologué
par le tribunal, s'il y a des mineurs ou des difficultés,

jusque-là, l'usufruit de l'époux survivant pourra être transformé en une rente viagère.

Nous ne pouvons nous demander sans inquiétude combien de temps durera cette période d'attente pour l'époux survivant, et nous ne pouvons envisager sans effroi les évaluations des experts, les sûretés, etc., toutes choses qui amèneront forcément des brouilles nombreuses.

Quoi qu'il en soit, la loi est ainsi ; examinons-là, et demandons-nous :

De quel partage il s'agit, c'est-à-dire s'il s'agit d'un partage partiel ou total, d'un partage entre les héritiers et le survivant des époux, ou d'un partage entre les héritiers seulement, et enfin qui peut provoquer ce partage?

S'agit-il d'un partage partiel ou total ?

Il s'agit ici d'un partage partiel, ne porterait-il que sur un objet ; c'est déjà un droit assez exorbitant que la loi a accordé aux héritiers de transformer un usufruit en une rente ; on ne saurait prétendre qu'ils peuvent laisser au survivant une portion de son usufruit, et transformer le surplus en une rente viagère ; du moment donc que par suite d'un partage partiel, l'usufruit d'un seul objet a été attribué à l'époux survivant, les héritiers ont renoncé de la façon la plus absolue à la faculté de transformer cet usufruit en une rente viagère.

S'agit-il d'un partage entre les héritiers et l'époux survivant, ou entre les héritiers seulement?

La loi s'occupe ici des rapports entre les héritiers et l'époux usufruitier légal ; elle ne s'occupe pas des rapports des héritiers entre eux ; il faut donc entendre par partage, le partage à intervenir entre les héritiers et l'époux usufruitier légal. Si donc il n'y a pas lieu à partage, c'est-à-dire s'il n'y a pas indivision entre eux, ce qui peut arriver au cas où le défunt laisse des collatéraux, un légataire de 1/2 en usufruit et l'époux survivant, les héritiers ne peuvent, au moins provisoirement exercer, la faculté de transformation que leur a donnée la loi.

En effet : 1° nous venons de dire que le législateur entend parler ici du partage à intervenir entre les héritiers et le conjoint survivant ; 2° il a établi cette faculté pour supprimer l'usufruit, il n'a donc pas eu l'intention de l'éta-blir au cas où elle ne servirait qu'à en supprimer une partie, car l'héritier ne saurait prétendre à transformer l'usufruit légué en une rente ; 3° il n'a pas voulu laisser l'usufruitier sur un perpétuel qui-vive, ce qui arriverait au cas où on leur reconnaîtrait le droit de demander la transformation jusqu'au partage qui est impossible, qui ne sera possible que le jour où il y aura indivision entre les héritiers et l'époux survivant.

Aussi nous disons : la première condition pour que les héritiers puissent exercer cette faculté de changer l'usufruit en une rente, c'est qu'ils soient en indivision avec l'usu-fruitier ; si donc le légataire en usufruit vient à mourir avant l'époux survivant, leur droit renaîtra et ils pourront remplacer l'usufruit par une rente.

Qui peut demander le partage ? Évidemment les deux parties, c'est-à-dire les héritiers ou l'époux usufruitier légal.

La loi ajoute : que les héritiers devront fournir sûretés suffisantes et que la rente doit être équivalente à l'usufruit ; cette appréciation de l'équivalence de la rente et de l'usu-fruit sera excessivement délicate ; c'est d'ailleurs le tra-vail des experts dont nous n'avons pas à nous occuper ici.

Mais ce membre de phrase : moyennant sûretés suffi-santes, nous suggère une réflexion ; d'abord, il est bien évi-dent qu'au cas de difficultés le tribunal décide si les sûretés sont ou non suffisantes ; mais les héritiers ont-ils rempli toutes leurs obligations lorsqu'ils ont fourni des sûretés ?

Non, et l'époux usufruitier légal a toujours le droit de demander de nouvelles sûretés quand les premières sont devenues insuffisantes ou ont disparu ; l'usufruit peut diminuer de valeur ou disparaître : tel celui d'un troupeau ou d'une propriété ; une fois couverti en une rente viagère, l'héritier doit, il devient débiteur de cette rente, quels que soient les événements postérieurs.

Il doit fournir des sûretés, c'est-à-dire assurer le service de la rente ; il a chance de gain dans son opération, mais il a aussi chance de perte ; il n'en peut être ainsi de l'usufruitier qui a été obligé de subir sa volonté.

Ainsi, supposons que l'usufruit ait été transformé en une rente viagère de 1,000 francs et que le service de cette rente soit assuré par une inscription 4 pour 100 ; si ce 4 pour 100 est converti en 3 pour 100 ; l'ancien usufruitier aura le droit de s'adresser à l'héritier pour qu'il verse somme suffisante pour compléter les 1,000 francs de rente.

A quel moment doit avoir lieu l'évaluation ?

Évidemment au moment de l'ouverture de la succession, toutes les fois qu'il y a indivision entre les héritiers et l'époux usufruitier légal, et au moment où commence cette indivision si elle ne commence pas, comme nous venons de le dire, à l'ouverture de la succession.

Cette question ne nous semble pas douteuse et nous ne nous y arrêterons pas un instant.

Enfin, le nouvel article 767, après avoir établi l'usufruit de l'époux survivant ajoute aux manières dont prend fin l'usufruit en général un mode particulier pour l'usufruit qu'il établit :

« En cas de nouveau mariage, l'usufruit du conjoint cesse
« s'il existe des descendants du défunt. »

Le législateur a toujours été hostile aux seconds mariages, il les souffre, il ne les protège pas ; spécialement au cas particulier il a pensé que, si le conjoint défunt avait laissé des enfants, les revenus de ses biens ne devaient pas servir à élever et enrichir les enfants de son successeur, et personne ne saurait le blâmer d'avoir décidé que le nouveau mariage du survivant, au cas où le prédécédé aurait des enfants, le priverait de l'usufruit légal.

Il nous reste un mot à ajouter au sujet de la contribution aux dettes. La loi de 1891 crée un nouvel ordre d'héritiers ou, du moins, un nouveau droit pour l'époux successeur irrégulier : elle le met en concours avec les héritiers légitimes. Doit-il ou non contribuer aux dettes?

Si la loi est muette sur ce point, et cela bien que M. Taudière, député, ait jugé à propos d'en entretenir longuement la Chambre, c'est que le législateur, ainsi que l'a expliqué le rapporteur, entend maintenir l'application de la règle générale, et que la question posée par M. Taudière ne faisait doute et ne fait doute pour personne.

Cette règle est tout au long dans le Code, article 612 ; il suffit de rapprocher cet article du titre des *Successions* comme pour tout autre usufruit. Nous jugeons inutile de la développer ici.

En ce qui concerne le conjoint survivant d'un auteur (ne pas confondre avec ascendant) M. Bozérian a cru devoir soulever une question qu'il ne nous serait pas venu à l'esprit de discuter plus que la précédente ; et, le rapporteur lui a fort bien répondu, nous modifions le Code qui est une loi générale, les lois spéciales subsistent tout entières. Il y a donc deux usufruits? Et pourquoi pas ? Il y en a bien deux au cas où un auteur lègue par testament un usufruit à son conjoint survivant ; les lois qui régissent les successions ont toujours pour but de suppléer aux testaments absents, d'interpréter la volonté probable de celui qui n'a pas testé ou n'a testé que pour une partie de ses biens.

CHAPITRE IV

Quel est le droit de mutation exigible ?

Nous ne saurions terminer cette étude sans dire un mot du droit de mutation exigible et qui sera l'objet de nombreuses controverses, le jour où il plaira à l'administration des Domaines, de réclamer le droit de 9 pour 100, au lieu de celui de 3 pour 100 dont elle se contente actuellement.

Nous pouvons nous demander en même temps :

L'époux survivant, usufruitier légal, est-il un héritier légitime ou un héritier irrégulier avancé par une faveur de la loi ?

Outre le droit de mutation, il y a encore d'autres conséquences à cette distinction, conséquences qui portent principalement sur la saisine et l'envoi en possession.

Le rapporteur l'a dit et répété, l'époux survivant est un successeur irrégulier, bien qu'il vienne en concours avec des parents légitimes ; à chaque instant dans la discussion, nous le voyons traiter de successeur irrégulier ; si ces motifs ne suffisent pas, il en est d'autres encore qui militent en faveur de cette opinion. Le législateur a modifié l'ordre successoral, il n'a pas modifié la qualité des héritiers ; l'époux est avancé, sa qualité de successeur irrégulier n'a pas été changée ; même en avançant l'époux survivant, et en le mettant en concours avec des héritiers légitimes, il ne le traite pas avec la même faveur que ces derniers ; c'est ainsi qu'il décide que, s'il a reçu par préciput et hors part tout ou partie de ce qui lui revient, il ne pourra prétendre qu'au complément de son usufruit.

La question pour nous n'est pas douteuse, et ne saurait être sérieusement discutée ; les conséquences de la qualité de successeur irrégulier qu'il nous faut reconnaître à l'époux survivant usufruitier légal sont les suivantes :

Il n'a pas la saisine et par, suite, il ne sera jamais tenu des dettes *ultra vires successionis,* et il sera obligé de demander son envoi en possession.

Il devra acquitter le droit de mutation à raison de 9 pour 100 et cela malgré l'intention possible et même probable du législateur ; le droit de mutation par décès entre époux est de 9 pour 100 comme pour les étrangers ; exceptionnellement, il est réduit à 3 pour 100, au cas de testament ; or la loi actuelle n'ayant pas prévu le droit de mutation à acquitter, on doit forcément s'en rapporter aux règles générales sur la matière.

Qu'on ne vienne pas dire que cette loi a pour but de remplacer les testaments ; toutes les lois sur la matière ont le même but et, si l'époux hérite en toute propriété à défaut de parents, c'est aussi parce que le législateur a pensé que, si son conjoint avait testé, il l'eût fait en sa faveur.

M. Taudière avait présenté un amendement et sur les observations du rapporteur, il l'a retiré ; à notre avis, il a eu tort ; et, bien que le rapporteur ait déclaré que l'époux était un parent et que le droit de mutation n'était dû qu'à 3 pour 100 nous ne saurions partager cette manière de voir.

Deux époux sont conjoints et non parents ; « sont parents, « dit le Code, ceux qui descendent les uns des autres ou « d'un auteur commun », voilà la règle ; et la loi nouvelle ne l'a pas modifiée ; nous n'y voyons nulle part le mot parent pour parler de deux époux ; un parent est d'ailleurs un héritier légitime, et le rapporteur lui-même a pris soin à maintes reprises de dire que l'époux survivant usufruitier légal était un successeur irrégulier.

Le seul motif à invoquer en faveur du droit de 3 pour 100 est l'opinion du rapporteur.

Cette opinion n'est pas suffisante pour abroger une loi, et le fait qu'un amendement retiré aurait pu être voté ne saurait suffire non plus. Nous savons qu'une loi peut être abrogée de deux manières : expressément et tacitement. L'abrogation est expresse quand une autre loi dit : telle loi ou tel article est abrogé; elle est tacite quand une loi postérieure en rend l'application impossible ; nous ne rencontrons ici ni abrogation expresse, ni abrogation tacite ; nous sommes donc encore sous le régime de l'ancienne loi et le droit dû est toujours celui de 9 pour 100.

D'ailleurs la question ne saurait être douteuse en présence de l'article 53 de la loi du 28 avril 1816 qui dit en termes formels : « d'un époux à un autre par donation » ou « testament 3 pour 100 »; or personne ne prétendra que la loi du 9 mars 1891 est un testament ou une donation ; le Code nous apprend comment on teste, comment on donne, et il suffit de s'y rapporter.

DEUXIÈME PARTIE

DU DROIT DE L'EPOUX SURVIVANT A UNE PENSION ALIMENTAIRE

Le législateur aurait fait une œuvre incomplète s'il avait permis que, soit par la volonté du prémourant, soit par suite du peu de valeur de la succession et par suite de la part d'usufruit accordée, l'époux survivant pût être réduit à la plus affreuse misère; c'est à cette situation qu'il a voulu remédier par l'article 2 de la loi du 9 mars 1891 modifiant l'article 767 du Code civil.

Aucune discussion ne s'est produite relativement à cet article, et nous n'avons pour nous guider que les règles générales du Droit :

La pension est due par la succession et non par les héritiers, d'où il suit que le juge n'aura pas à tenir compte du nombre, de la qualité et de la situation de fortune des héritiers pour fixer la pension qui devra être faite à l'époux survivant.

Il devra prendre seulement en considération la valeur de cette succession et l'état de fortune de celui qui sera réduit à la demander.

Quel sera le maximum de cette pension ? Pourra-t-elle être demandée par l'époux usufruitier ? Telles sont les questions qui se posent. Nous n'hésitons pas à dire que le maximum pourra atteindre tous les revenus de la succession et que l'époux usufruitier y aura droit si son usufruit et ses revenus personnels sont insuffisants pour le faire vivre.

En effet, le but du législateur a été de donner de quoi vivre au survivant ; il ne serait pas atteint si le quart ou la moitié en usufruit étaient insuffisants pour satisfaire aux besoins les plus modestes d'une personne et il a dit à cet égard très clairement son opinion : « La pension alimen- « taire est prélevée sur l'hérédité ; elle est supportée par « tous les héritiers, en cas d'insuffisance par tous les léga- « taires particuliers proportionnellement à leur émolu- « ment. »

C'est-à-dire, en cas de pension alimentaire : l'époux survivant d'abord, toutes les autres personnes, héritiers ou légataires quelconques, ne passent qu'après.

Y a-t-il lieu, dans ce cas, de forcer l'époux à renoncer à son usufruit ? Évidemment non ; c'est une faveur que la loi lui accorde au cas de pauvreté extrême, il n'est écrit nulle part qu'il doive acheter cette faveur. La loi n'exige nulle part que celui auquel on doit une pension alimentaire se déssaisisse du peu qu'il peut avoir en faveur de celui qui lui doit ce secours ; elle n'en a pas parlé non plus ici.

Quel est le délai pour réclamer la pension alimentaire ?

Ce délai est d'un an au moins, et il se prolonge jusqu'au partage définitif.

Pour le délai d'un an il n'y a aucune objection à élever, mais on peut se demander ce que le législateur entend par partage définitif.

En prolongeant cette limite, il n'a eu d'autre but que de permettre à l'époux survivant de former sa demande jusqu'au moment où il peut connaître sa véritable position, mais il n'a pas voulu lui laisser cette faculté tant qu'il resterait un objet indivis ; il faut donc entendre ici par partage définitif toute liquidation, même non suivie de partage, qui permet à l'époux survivant de se rendre compte de sa véritable position de fortune et de l'importance de la succession de son conjoint.

C'est là, nous croyons, la véritable solution : un an, au moins davantage, si après ce délai aucun acte fixant les droits de l'époux et lui permettant de connaître sa situation n'est intervenu entre lui et les héritiers de son conjoint.

TROISIÈME PARTIE

PERTE PAR L'ÉPOUX CONTRE LEQUEL EXISTE UN JUGEMENT DE SÉPARATION DE CORPS PASSÉ EN FORCE DE CHOSE JUGÉE DE TOUS DROITS DANS LA SUCCESSION DU PRÉMOURANT.

Nous n'avons absolument rien à dire : la lecture de ce ce paragraphe suffit : « Lorsque le défunt ne laisse ni « parents au degré successible ni enfants naturels, les « biens des successions appartiennent en toute propriété « au conjoint non divorcé qui lui survit et contre lequel « n'existe pas un jugement de séparation de corps passé « en force de chose jugée. »

Nous avons vu dans la première partie ce qu'on doit entendre par cette phrase : « n'existe pas un jugement de séparation de corps passé en force de chose jugée ». Nous y renvoyons le lecteur.

EN PRÉPARATION

DU MÊME AUTEUR :

DES ASSURANCES SUR LA VIE

A QUI EN APPARTIENT LE BÉNÉFICE ?

www.ingramcontent.com/pod-product-compliance
Ingram Content Group UK Ltd.
Pitfield, Milton Keynes, MK11 3LW, UK
UKHW021155140726
13695UKWH00005B/2159